COLLECTION FOLIO

REISER

LA VIE DES BÊTES

Albin Michel

KEISER

QU'EST-CE QUE J'AI DOCTEUR, UN RHUME DE CERVEAU OU UNE CHAUDE-PISSE ?

QU'EST-CE QU'IL RACONTE ?

IL LUI DEMANDE SI ELLE EST VAGINALE OU CLITORIDIENNE
TU PARLES SI ON S'EN FOUT!
PAS TELLEMENT...
SI ELLE AVAIT ÉTÉ CLITORIDIENNE, IL AURAIT FAIT ÇA GENTIMENT AVEC SA TROMPE, ET ON SERAIT ENCORE TRANQUILLEMENT INSTALLÉS
REISER

N'EMPÊCHE QUE SI CET IMBECILE N'AVAIT PAS DE FURONCLES, J'AURAIS PU EMBALLER DES FILLES, AUJOURD'HUI...
REISER

EFFECTIF
PRESENTES
ENCEINTES
INDISPOSÉES
PERTES BLANCHES
TROUBLES MÉNOPAUSE
FIBROMES
SALPINGITES
REISER

JE DEVRAIS ÊTRE EN ALSACE À L'HEURE QU'IL EST
AU LIEU DE ÇA, JE RESTE À RÉCURER CES GROS CONS
JE DEVRAIS ÊTRE EN ALSACE À L'HEURE QU'IL EST...

AU LIEU DE RÉCURER CES GROS CONS
JE DEVRAIS ÊTRE EN ALSACE...
LES CIGOGNES SONT DE RETOUR
SI ENCORE ON ME COMPRENAIT
SI ON S'ASSOCIAIT À MA DOULEUR...
MAIS PENSEZ-VOUS...
SUR LES CLOCHERS DES ALENTOURS
...GROS CONS!

BELING
BELING

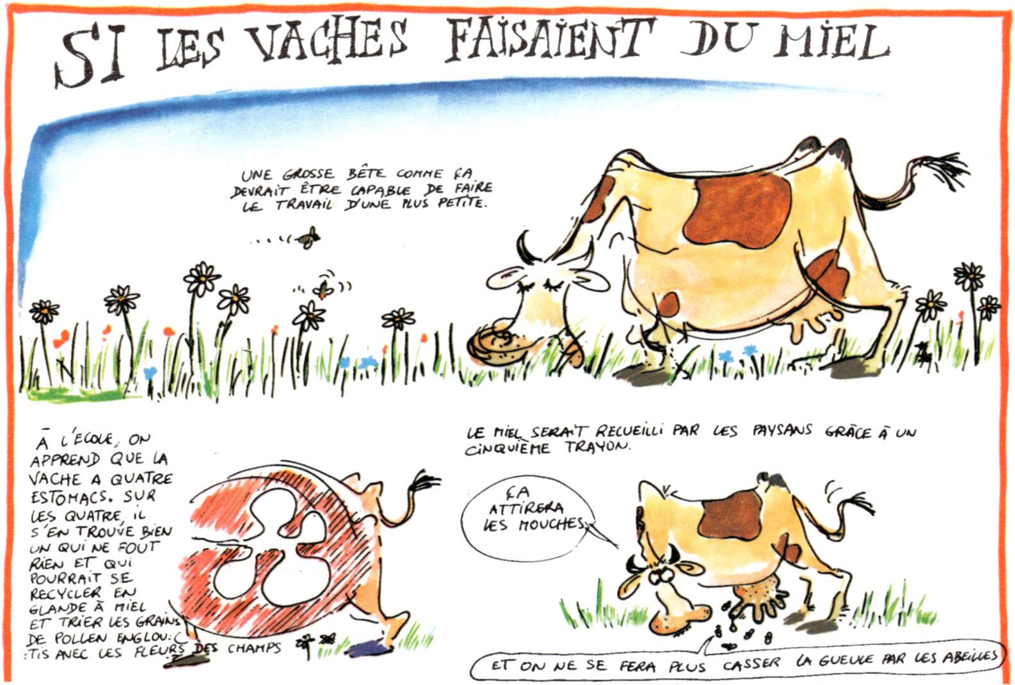
SI LES VACHES FAISAIENT DU MIEL
UNE GROSSE BÊTE COMME ÇA DEVRAIT ÊTRE CAPABLE DE FAIRE LE TRAVAIL D'UNE PLUS PETITE.
À L'ÉCOLE, ON APPREND QUE LA VACHE A QUATRE ESTOMACS. SUR LES QUATRE, IL S'EN TROUVE BIEN UN QUI NE FOUT RIEN ET QUI POURRAIT SE RECYCLER EN GLANDE À MIEL ET TRIER LES GRAINS DE POLLEN ENGLOUTIS AVEC LES FLEURS DES CHAMPS
LE MIEL SERAIT RECUEILLI PAR LES PAYSANS GRÂCE À UN CINQUIÈME TRAYON.
ÇA ATTIRERA LES MOUCHES
ET ON NE SE FERA PLUS CASSER LA GUEULE PAR LES ABEILLES

SI LES BOUTS DE LEURS QUEUES SE TERMINAIENT PAR UN GROS GROS EPIS DE BLÉ QUI REPOUSSERAIT TOUS LES MOIS, ON AURAIT DE LA FARINE POUR LES TARTINES, ET SI LES CRAQUELURES DES FESSES ETAIENT EN CHOCOLAT AU LIEU DE VIEILLE BOUSE, LA VACHE A ELLE SEULE NOUS FOURNIRAIT LE PETIT DEJEUNER.
ET SI EN PLUS VOUS AVEZ DE LA TERRE GLAISE, JE POURRAIS VOUS FAIRE DES BRIQUES
C'EST UNE BONNE IDÉE, DES BRIQUES. PEUT-ETRE PAS, MAIS SI LES VACHES AVAIENT UN PEU LA MORPHO-LOGIE DES KANGOU-ROUS, ON METTRAIT DE L'ARGILE DANS LEUR POCHE ET AVEC LEURS PETITES PATTES ELLES NOUS CONFEC-TIONNERAIENT DES BOLS.
C'EST ÇA.

PETIT SALE, TU AS ENCORE FAIT CACA!

Les rats...
LES RATS SONT NUISIBLES À L'HOMME, ILS NE FONT PAS DE MIEL, NE PONDENT PAS D'ŒUFS
ILS MANGENT LES RÉCOLTES ET NE TIRENT PAS DE CHARRETTES, ILS NE LABOURENT PAS...
LES RATS NE DONNENT PAS DE LAIT, ON NE PEUT PAS FAIRE DE BROSSES À DENTS AVEC LEURS POILS
NI DE SACS À MAINS AVEC LEUR PEAU
LES RATS TRANSPORTENT LES GERMES D'UN TAS DE MALADIES ET N'ATTRAPENT JAMAIS LA MYXOMATOSE
TOUT S'USE, SAUF LES DENTS DE RATS.
ON NE PEUT PAS DÉCORER LES SAINT-CYRIENS AVEC LEURS PLUMES. ON NE TROUVE PAS DE PERLE EN LEUR OUVRANT LE VENTRE.
ON PEUT LES EBOUILLANTER SANS EN TIRER UN C^m DE SOIE.
LA POLLUTION NE LES AFFECTE PAS.

UN TAS D'ESPÈCES ANIMALE, JOLIES ET UTILES DISPARAISSENT CHAQUE ANNÉE...
... EUX, SONT TOUJOURS LÀ
LEUR DESTRUCTION COÛTE BEAUCOUP D'ARGENT
COMBLE DE MALCHANCE, ILS NE CONSTITUENT MÊME PAS UN GIBIER HONORABLE.
J'EN AI TIRÉ UN GROS...

LES TERMITES NE SONT PAS TRÈS UTILES NON PLUS, MAIS ELLES, AU MOINS, ONT UNE ORGANISATION SOCIALE ORIGINALE QUI INTÉRESSE BEAUCOUP DE SAVANTS.
TANDIS QUE LE RAT, LUI...
SA VIE EST DES PLUS BANALE.
EN GROS, CELLE DE L'HOMME: COMBAT QUOTIDIEN POUR LA NOURRITURE, MÊME QUAND LE GARDE MANGER EST PLEIN, COMBAT POUR OBTENIR UNE FEMELLE, OCCUPATION DES LOISIRS À DES CHOSES MALFAISANTES, VIEILLESSE, DECREPITUDE, MORT...
SEULEMENT, POUR FAIRE ÇA, LE RAT N'A BESOIN QUE DE UN cm³ DE CERVELLE...
HÉ HÉ
L'HOMME, LUI EN A.
EN MOYENNE 1800, ON PEUT SE DEMANDER CE QU'IL FAIT DES 1799 cm³ QUI LUI RESTENT...
D'OÙ PROFONDE AIGREUR DE L'HOMME VIS À VIS DE CES SYMPATHIQUES PETITES BÊTES QUI LUI DAMENT LE PION SUR SON TERRAIN FAVORI.
LE RAT EST À L'HOMME, CE QUE L'HOMME EST À L'UNIVERS.
LE RAT A VITE COMPRIS QUE VIVRE TOUT PRÈS DE L'HOMME COMPORTAIT DES TAS D'AVANTAGES
AUSSI EST-IL DE TOUTES LES MANIFESTATIONS HUMAINES.
L'HOMME FABRIQUE DES GROS BATEAUX? ON TROUVE LA PETITE BÊTE À BORD
ET EN PLUS ILS ONT RONGÉ LES CEINTURES DE SAUVETAGE!
QUI N'ATTENDRA PAS LE DERNIER MOMENT POUR SE SAUVER.
ON CROIT L'ÉLIMINER EN ÉLEVANT LE NIVEAU DE VIE. IL A TRÈS BIEN COMPRIS QUE SI ON ÉLÈVE LE NIVEAU DE VIE DANS UN ENDROIT, ON TROUVE VITE À MANGER DANS UN AUTRE
A LA BONNE HEURE, Y AURA DE L'OREILLE DE NOUVEAU-NÉ AU MENU DANS TROIS SEMAINES...

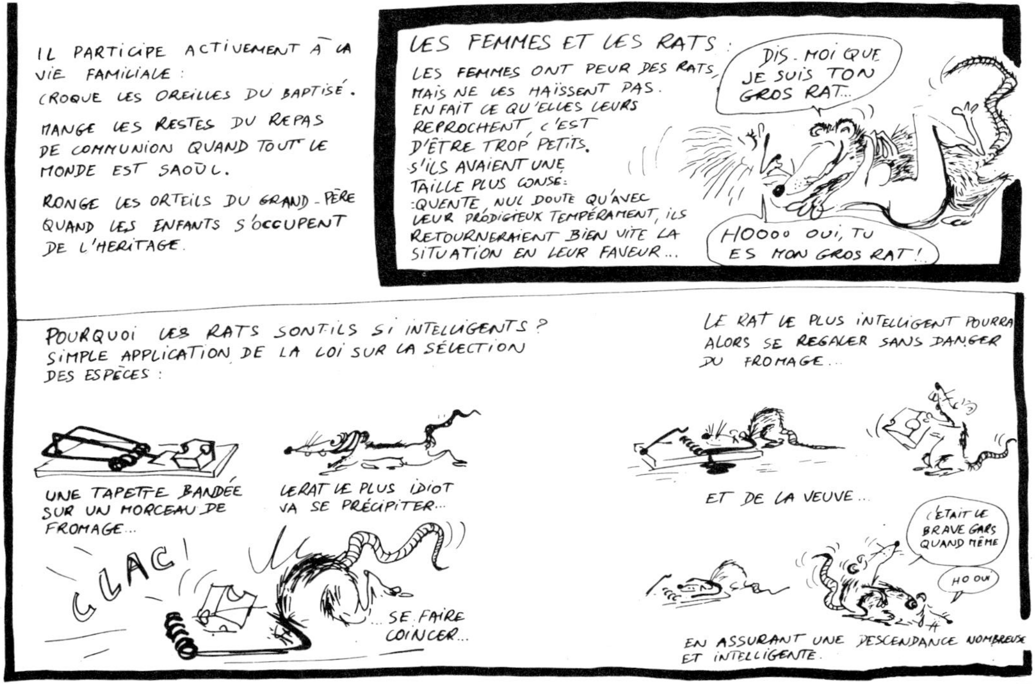
IL PARTICIPE ACTIVEMENT À LA VIE FAMILIALE :
CROQUE LES OREILLES DU BAPTISÉ.
MANGE LES RESTES DU REPAS DE COMMUNION QUAND TOUT LE MONDE EST SAOÛL.
RONGE LES ORTEILS DU GRAND-PÈRE QUAND LES ENFANTS S'OCCUPENT DE L'HERITAGE.
LES FEMMES ET LES RATS :
LES FEMMES ONT PEUR DES RATS, MAIS NE LES HAÏSSENT PAS. EN FAIT CE QU'ELLES LEURS REPROCHENT, C'EST D'ÊTRE TROP PETITS. S'ILS AVAIENT UNE TAILLE PLUS CONSE:QUENTE NUL DOUTE QU'AVEC LEUR PRODIGIEUX TEMPÉRAMENT, ILS RETOURNERAIENT BIEN VITE LA SITUATION EN LEUR FAVEUR...
DIS-MOI QUE JE SUIS TON GROS RAT...
HOOOO OUI, TU ES MON GROS RAT !
POURQUOI LES RATS SONT-ILS SI INTELLIGENTS ? SIMPLE APPLICATION DE LA LOI SUR LA SÉLECTION DES ESPÈCES :
UNE TAPETTE BANDÉE SUR UN MORCEAU DE FROMAGE...
LE RAT LE PLUS IDIOT VA SE PRÉCIPITER...
CLAC !
... SE FAIRE COINCER...
LE RAT LE PLUS INTELLIGENT POURRA ALORS SE REGALER SANS DANGER DU FROMAGE...
ET DE LA VEUVE...
C'ÉTAIT UN BRAVE GARS QUAND MÊME
HO OUI
EN ASSURANT UNE DESCENDANCE NOMBREUSE ET INTELLIGENTE.

PETITS CONS!
BIENVENUE
REISER

SOIR D'ÉTÉ

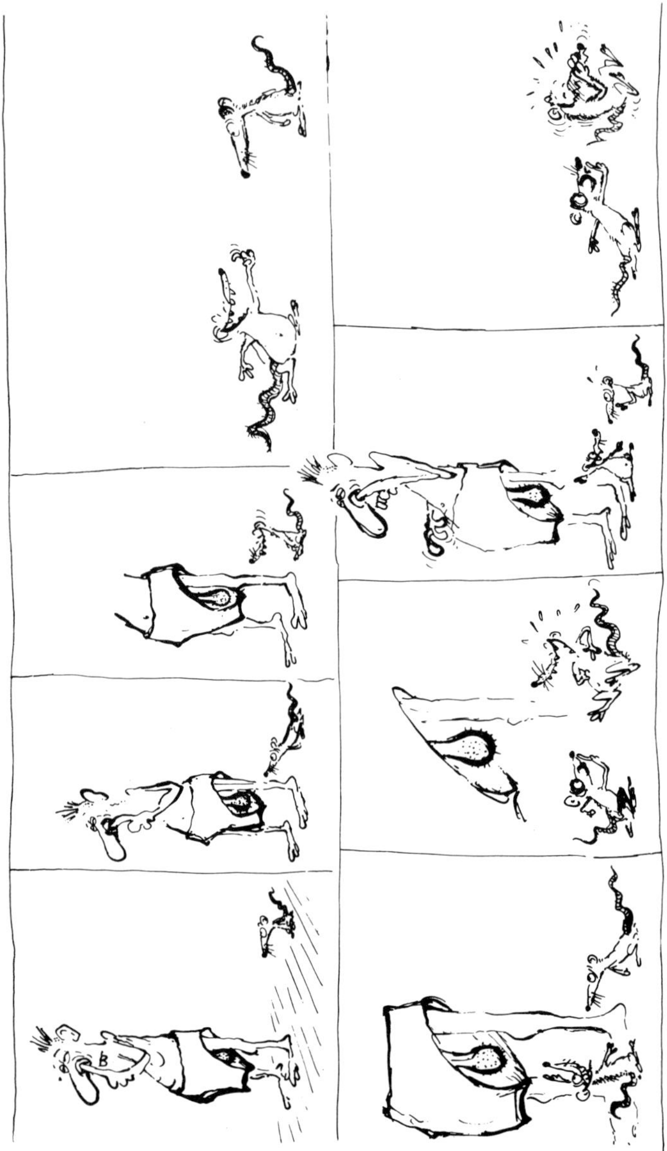

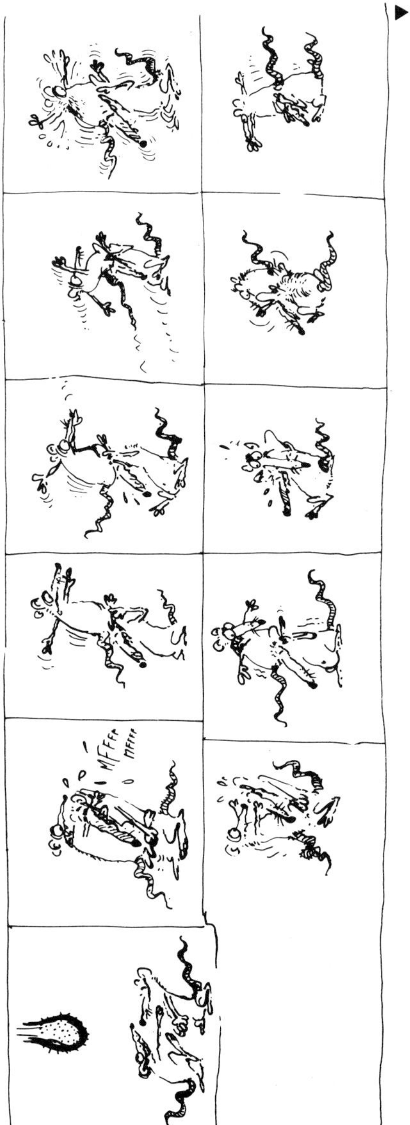
MFFFF
MFFFF

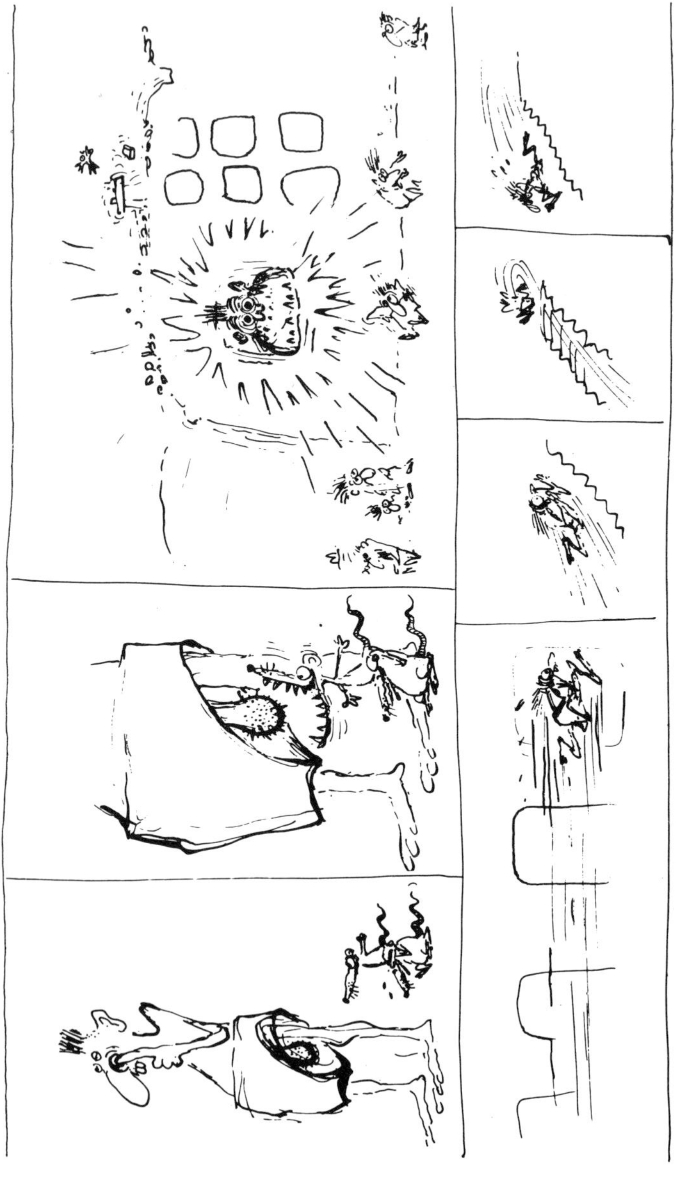

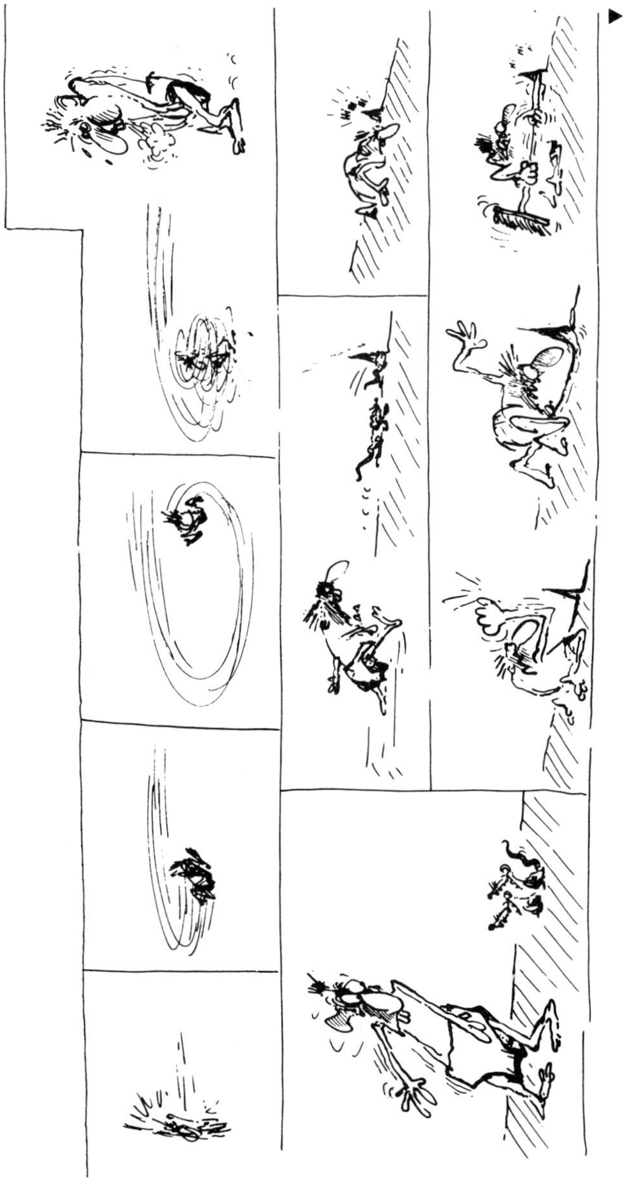

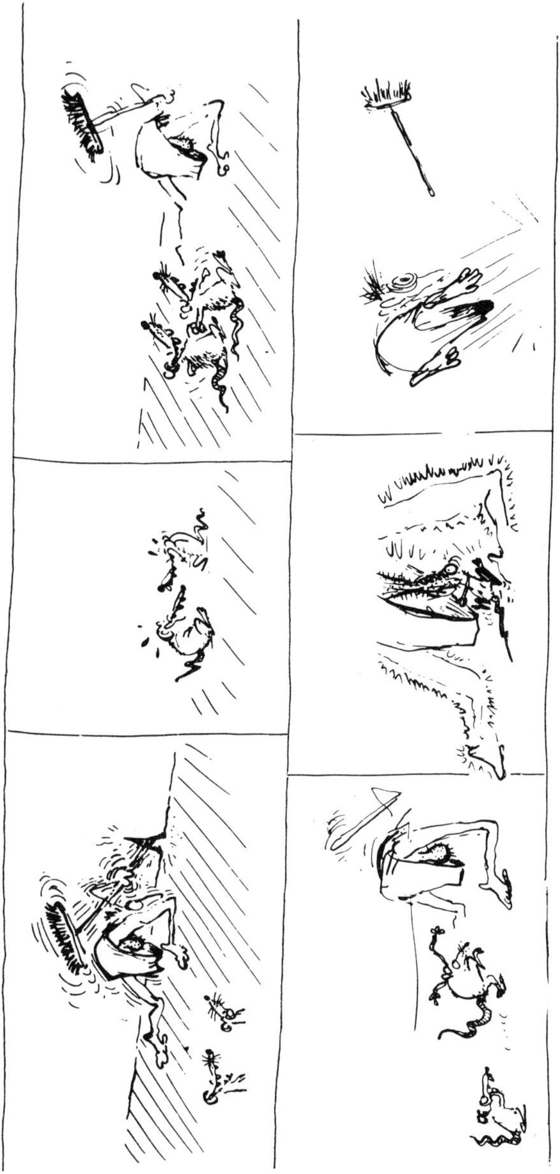

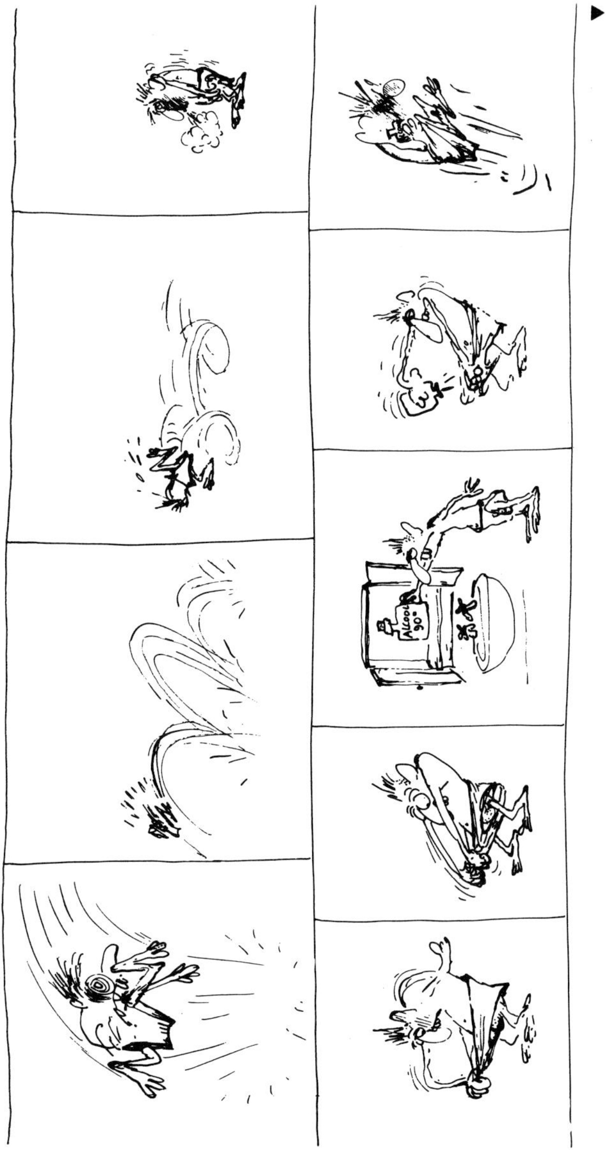
ALCOOL 90°

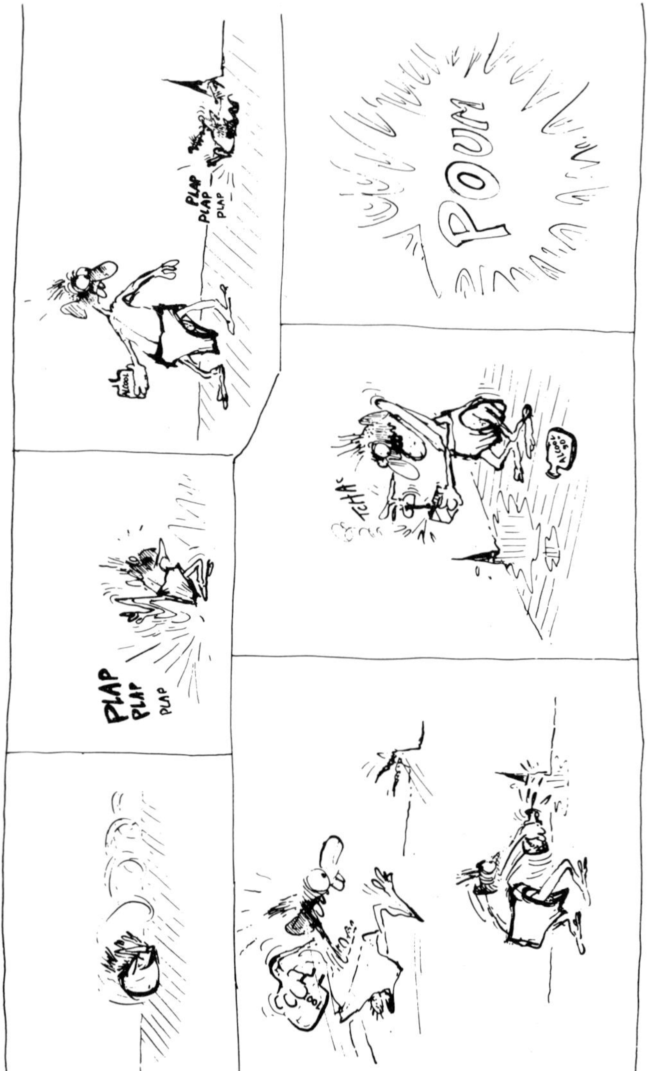
PLAP
PLAP
PLAP
ALCOOL
PLAP
PLAP
PLAP
ALCOOL
TCHAC
ALCOOL
POUM

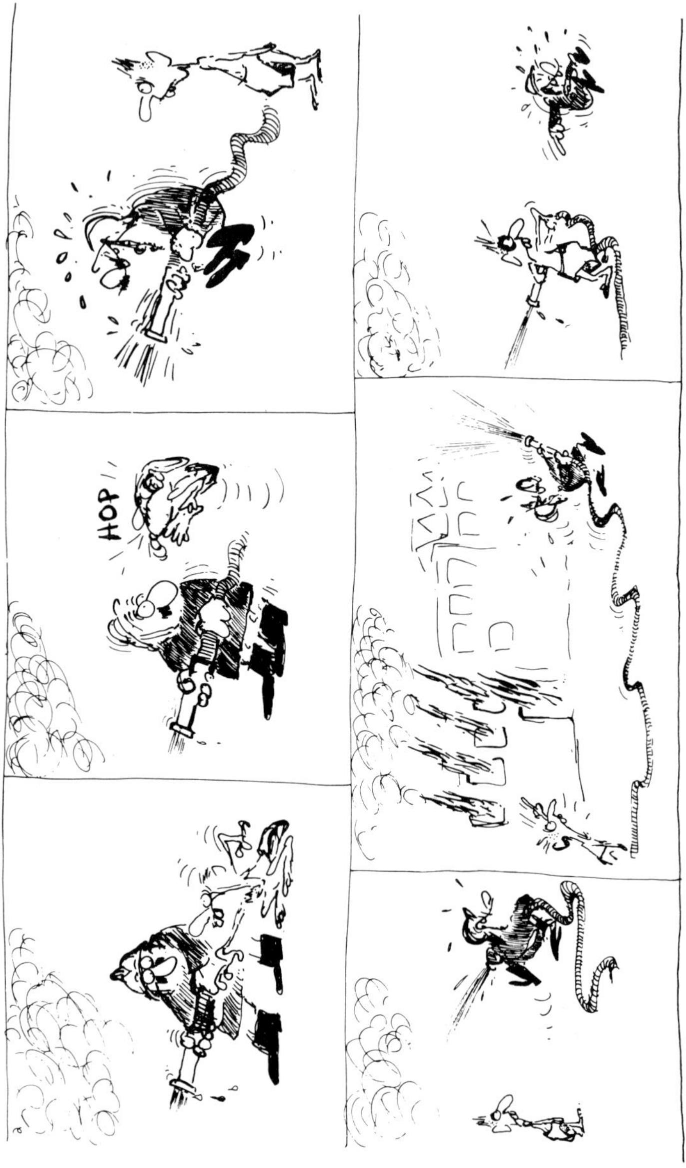
HOP

L'INCENDIAIRE DE POUBELLES CONTINUE SON PETIT FOURBI QUI DURE GENTIMENT DEPUIS DEUX MOIS...
... C'EST UN AMOUREUX DE LA PROPRETÉ. TOUTES CES POUBELLES DANS LES COULOIRS...
ÇA FAIT SALE
QUELQUES POUBELLES Y PASSENT CHAQUE SEMAINE. LES POMPIERS METTENT PARFOIS PLUSIEURS HEURES POUR ÉTEINDRE CE DÉBUT D'INCENDIE. L'EMMERDEUR PUBLIC, QUOI.
TOUT ÇA, C'EST À CAUSE DES CHIENS
SANS CES SALES CABOTS...
...ON POURRAIT LAISSER NOS POUBELLES SUR LE TROTTOIR POUR LA NUIT...
...SANS ÊTRE OBLIGÉS DE SE LEVER LE MATIN DE BONNE HEURE...

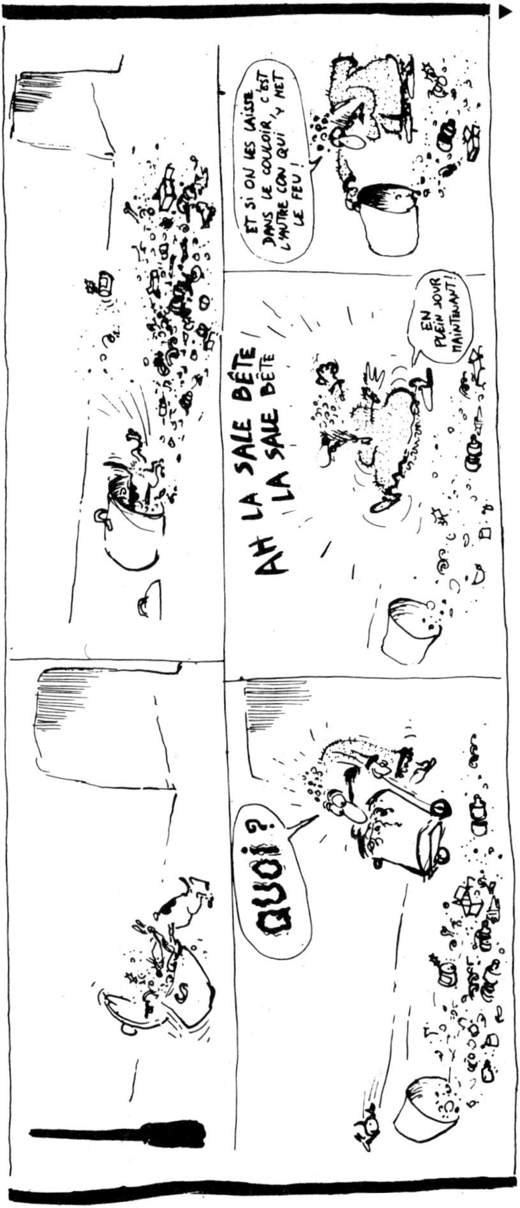
QUOI ?
AH LA SALE BÊTE
LA SALE BÊTE
EN PLEIN JOUR MAINTENANT !
ET SI ON LES LAISSE DANS LE COULOIR, C'EST L'AUTRE CON QUI Y MET LE FEU !

ZUT ! JE NE LES RAMASSE PAS, LES BOUEUX SONT PAYÉS POUR ÇA.
NON, MADAME, C'EST PAS À NOUS, C'EST À VOUS DE FAIE ÇA
HÉIN ?
RETOURNE DANS TON PAYS SI T'ES PAS CONTENT !
DANS MON PAYS, C'EST LES VAUTOU' QUI NETTOIENT LES HUES
C'EST PLUS POUOPE QU'ICI
C'EST ÇA
ET BEN, VAS TE FAIRE ENCULER PAR LES VAUTOURS !

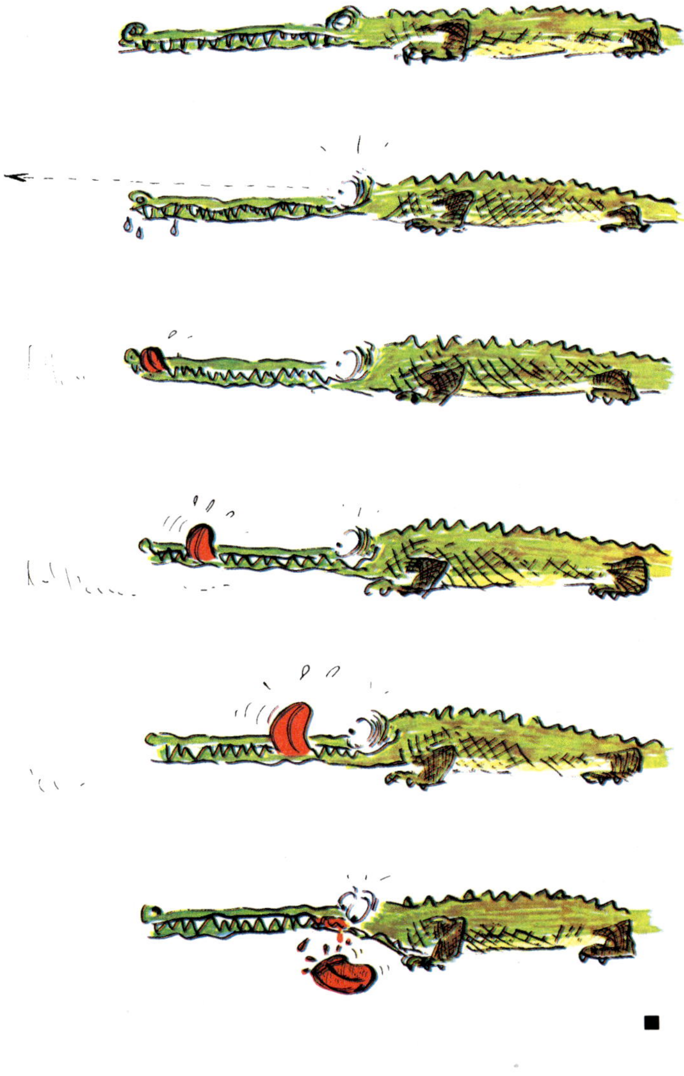

LES ORDURES MÉNAGÈRES :
LES RESPONSABLES S'ARRACHENT TOUJOURS LES CHEVEUX
QUAND ILS VEULENT LES BRÛLER, LES PLASTIQUES RONGENT LES CHAUDIÈRES.
QUAND ILS LES BRÛLENT DEHORS
ÇA PUE
QUAND ILS LES LAISSENT DEHORS, ÇA ATTIRE LES RATS
ENCORE NOUS
TOUT LE MONDE A PEUR DES RATS. POURTANT, CES PETITES BÊTES POURRAIENT APPORTER LA SOLUTION :
COMMENT FABRIQUER DES SACS EN CROCODILE AVEC DES ORDURES MÉNAGÈRES ?
RATS
CAMION BENNE
SAS
VILLE

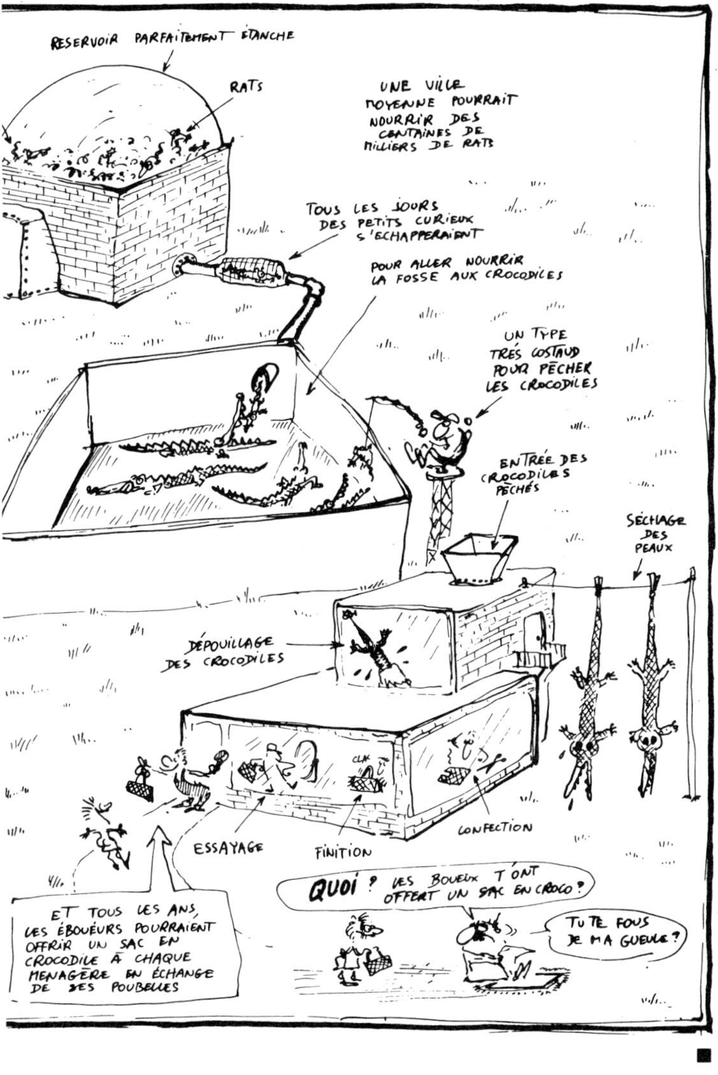
RESERVOIR PARFAITEMENT ÉTANCHE
RATS
UNE VILLE MOYENNE POURRAIT NOURRIR DES CENTAINES DE MILLIERS DE RATS
TOUS LES JOURS DES PETITS CURIEUX S'ÉCHAPPERAIENT
POUR ALLER NOURRIR LA FOSSE AUX CROCODILES
UN TYPE TRÉS COSTAUD POUR PÊCHER LES CROCODILES
ENTRÉE DES CROCODILES PÊCHÉS
SÉCHAGE DES PEAUX
DÉPOUILLAGE DES CROCODILES
CLAC
CONFECTION
ESSAYAGE
FINITION
ET TOUS LES ANS, LES ÉBOUEURS POURRAIENT OFFRIR UN SAC EN CROCODILE À CHAQUE MENAGÈRE EN ÉCHANGE DE SES POUBELLES
QUOI ? LES BOUEUX T'ONT OFFERT UN SAC EN CROCO ?
TU TE FOUS DE MA GUEULE ?

QUEL NUL!

ELECTION de MISS
ACCIDENT

AH! POUR UNE FOIS, C'EST PAS MOI QUI AURAI FAIT LE CON
REISER

PLUS DE POILS DE CHATS
SUR LES MOQUETTES
TORNADO
SURPUISSANT

TOUTES LES OCCASIONS LUI SONT BONNES POUR MONTRER SON CUL...

EN TOUS CAS, MOI, LE JOUR OÙ ÇA VA TROP MAL, JE PRENDS UNE PIOCHE, ET JE ME CREUSE UN BON GROS ABRI ANTI ATOMIQUE DANS MON JARDIN...
REISER

OÙ VA L'ARMÉE ?

REISER

PERDU
PETITE CHIENNE
blanche tache
noire sur
1/2 RUTABAGA
à qui la
ramènera
REISER

Y'A VRAIMENT DES SALES BÊTES SUR TERRE
CELLE-CI PAR EXEMPLE, C'EST UN PHASME. VOUS AVEZ ENTENDU PARLER DU MIMETISME ANIMAL ? CELUI-CI POUSSE L'HYPOCRISIE JUSQU'À S'IDENTIFIER AVEC UN BOUT DE BOIS SEC LA SUPERCHERIE EST TOTALE...
. ET CE N'EST PAS CETTE PAUVRE VIEILLE QUI S'EN RENDRA COMPTE
EN ALLANT RAMASSER DU BOIS MORT POUR RECHAUFFER SON VIEUX BONHOMME QUI SE MEURT DE FROID AU FOND DE LA CABANE

LA VIEILLE EST CONTENTE, MÊME SI LE FAGOT PESE LOURD SUR SES VIEILLES EPAULES.
CLAC CLAC
ET TOUT D'UN COUP AU MOMENT DE METTRE L'ALLUMETTE LE FAGOT ENTIER SE SAUVE DE TOUTE LA VITESSE DE SES VILAINES PATTES.
LA VIEILLE NE COMPREND PLUS RIEN LE VIEUX MEURT UN PEU PLUS DE FROID
CLAC CLAC CLAC
REISER

C'EST LES VIEUX QUI MANGENT LE CANIGOU
ÇA COÛTE PAS CHER
ET C'EST HONORABLE
FACILE À EMPLOYER
PAL
C'EST PLEIN DE BONNES CHOSES
SI C'EST BON POUR LEURS CROCS, C'EST BON POUR MA DENT!
DU CALCIUM POUR LES CROCS
POUR MOI, ÇA N'EST PAS DÉGRADANT, AU CONTRAIRE…
HÉ HÉ, J'AI L'APPÉTIT D'UN GROS CHIEN…
PAS MAL POUR MON ÂGE
J'AVAIS HONTE D'ACHETER DU MOU, DE LA TÉTINE, DU FOIE DE BŒUF AU BOUCHER
UN BEAU GIGOT, QUELQUE CHOSE DE BIEN!
ON SAVAIT BIEN QUE C'ÉTAIT POUR MOI
MAINTENANT, ON DIT : C'EST POUR SON PETIT CHAT
D'AILLEURS, C'EST UN PEU POUR MON PETIT CHAT… ON MANGE DANS LA MÊME ASSIETTE, AVEC UNE SEULE CUILLÈRE…
ÉCONOMIE DE VAISSELLE
AUTANT DE TEMPS GAGNÉ POUR LA PROMENADE
POURVU QUE ÇA NE SE SACHE PAS UN JOUR!
FAUT PAS QUE JE FASSE MES COURSES AU MÊME MAGASIN

L'AUTRE JOUR, À L'ÉPICERIE, J'AI FAILLI ME COUPER
DONNEZ-MOI UNE BOITE DE PÉPÉ
HEU...
UNE BOITE DE CANIGOU
POURTANT, VOILÀ QUI SERAIT HONNÊTE, FRANC, SINCÈRE COURAGEUX
NOURRITURE POUR PÉPÉS
POUR MÉMÉS
"PÉPÉ" SACRÉ BEAU NOM POUR UNE MARQUE
JE VOIS ÇA D'ICI.
UN PÉPÉ
TOUJOURS VERT AVEC PÉPÉ AUX EPINARDS
NOURRITURE DU 3e ÂGE
«GRANDE VENTE PROMOTIONNELLE!»
SPÉCIAL NOCES D'OR: PÉPÉ AVEC DE LA DINDE!!!
HALTE À LA VIE CHÈRE? TOUT LE MONDE AU CANIGOU!
ON NOURRIT UNE FAMILLE POUR CINQ FRANCS PAR JOUR
ON VOIT VENIR L'ESPRIT MERCANTILE: AUGMENTONS LE RON RON!
VALABLE UN TEMPS
APRÈS, FAUDRA BIEN RETROUVER UNE NOURRITURE MOINS CHÈRE POUR NOS PETITES BÊTES...
ET ON REPARTIRA!

AH NON, PAS VU LA GLACE DE TA MÈRE
PERSONNE NE SAIT OÙ ELLE EST ?
PAS VU DE GLACE...
MÉMÉ, T'AS PAS VU LA GLACE À MAMAN ?
L'A QU'A SAVOIR OU ELLE MET SES AFFAIRES
T'AS PAS VU MA GLACE ?
NON
QUELLE GLACE ?
UNE PETITE GLACE
MOI ? NON, J'AI PAS VU VOTRE GLACE

MEXIQUE
AUSTRALIE
TUNISIE
EQUATEUR
PORTUGAL
SUEDE
U.S.A
COSTA RICA
PEROU
ITALY
FRANCE
PARAGUAY
GRECE
NORVEGE
ISRAEL
SUISSE
VENEZUELA
GERMANY
HONG KONG
BRAZIL

DÉFENSE DES GROS CONS

ET ÇA, ON NE LE DEVRA PAS AUX AMOUREUX DES METS AUTHEN=TIQUES, À SAVEUR VIGOUREUSE, AUX PRODUITS DU TERROIR, AUX PLATS NOBLES
CHARCUTERIE
ON LE DEVRA À CEUX QUI AURONT BÂFRÉ DES METS SANS SAVEUR À S'EN FAIRE PÉTER LA SANTÉ
LES CONS QUI MANGENT DU VEAU, C'EST NOUS !
DU VEAU TOUT BLANC SANS AUCUN GOÛT...
...QUI SERA PLUS FACILE À PRODUIRE EN USINE QUE LES CÔTELETTES D'AGNEAU
SI ON N'AVAIT AFFAIRE QU'AUX PEIGNE-CULS QUI NE MANGENT DE LA VIANDE QUE LE DIMANCHE, DANS 3000 ANS, ON ARRACHERAIT ENCORE LES YEUX AUX LAPINS.
ARRÊTE ! TU VAS ME DÉGOÛTER DU LAPIN
EN L'AN 2000, LES HOMMES SERONT CIVILISÉS.
GRÂCE À NOUS, MAMAN, GRÂCE À NOUS !...
ON A BIEN FAIT DE S'EN METTRE PLEIN LA LAMPE...
ENCORE UN PEU DE BLANQUETTE ?

VOUS GÊNEZ PAS!
C'EST NOËL
REISER

SAVEZ-VOUS QUE PROPORTIONNELLEMENT...
JE DIS BIEN : PROPORTIONNELLEMENT !
LE SEXE D'UNE FEMME EST TROIS FOIS PLUS GRAND QUE CELUI D'UNE VACHE ?

C'EST PAS MOI
QUI AI DIT ÇA,
C'EST LEONARD DE VINCI *
QUOI...
IL S'Y CONNAISSAIT EN ANATOMIE, LUI...
C... D'U. FEMME GRANDE COM ÇA.
CELUI D'UNE VACHE ...VI... À ..PEU PR.. COMME ÇA

* INFORMATION RECUEILLIE DANS PSYCHOLOGIE (OU PSYCHANALYSE) DE L'HUMOUR EROTIQUE - G. LEGMAN (LAFFONT)

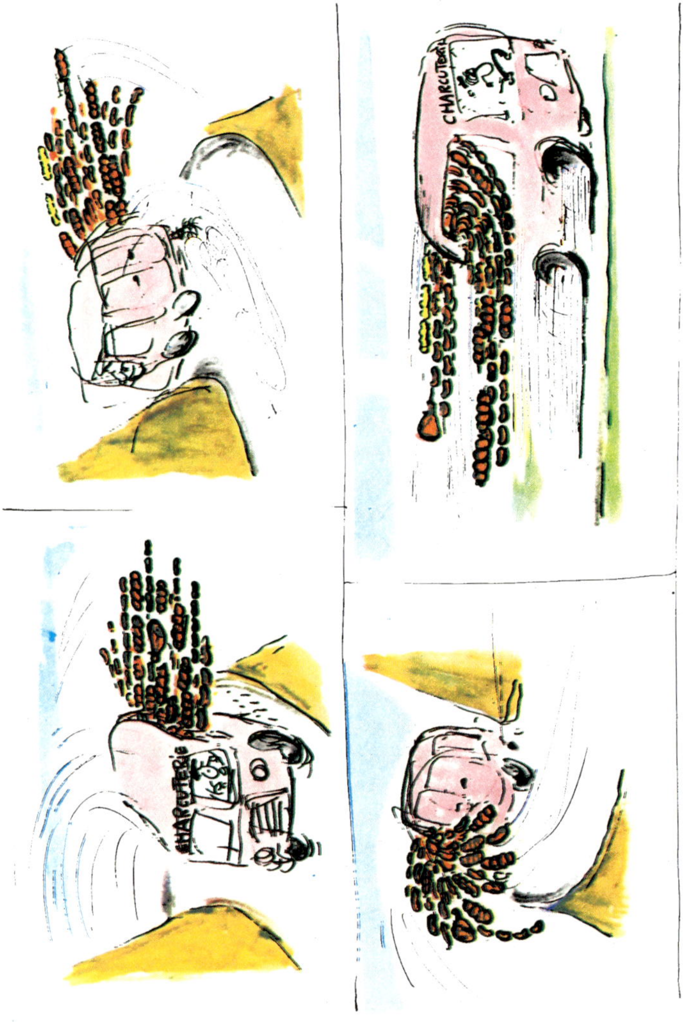
CHARCUTERIE
CHARCUTERIE

CHARCUTERIE
ET BEN... ON EST PAS PRÈS D'ÊTRE SERVIS !...

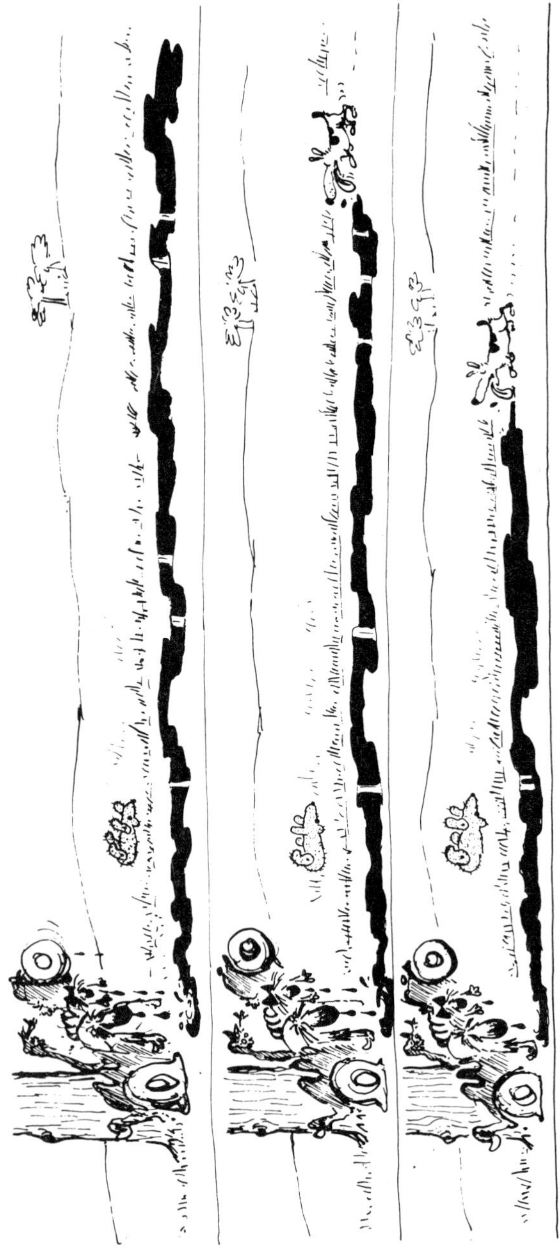

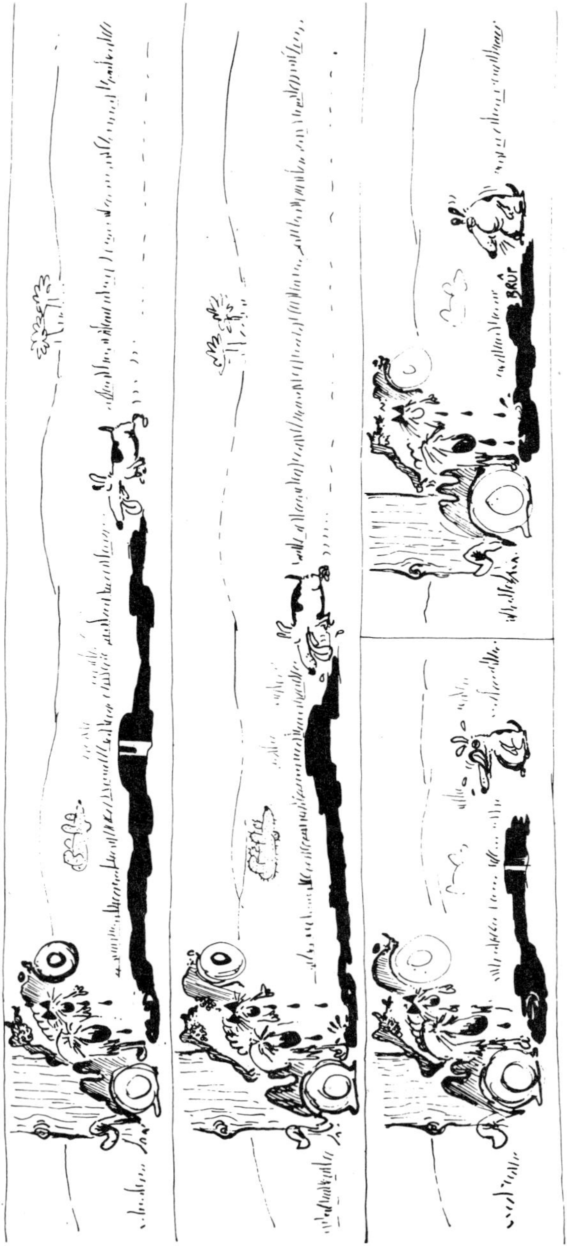
BRÛP

BZZZZ...
BZZZZ...
GRRRA
BRÛP

REISER

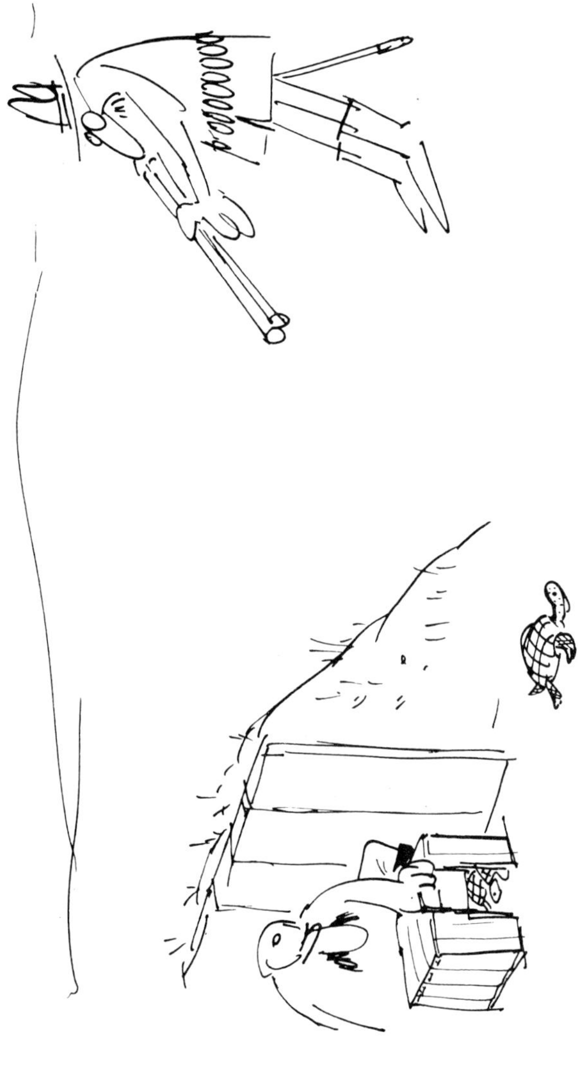

GROUOUiiiiik
ROUÎÎÎÎK
GROUÎÎÎÎK

HONK!
GROUUÎÎÎÎK
GROUÎÎÎÎK
MAIS ENFIN, QU'EST-CE QUE J'AI DE PLUS QUE LES AUTRES ?!!!....

ÉPICERIE
QUAND ON VOYAGE, IL ARRIVE DE TOMBER COMME ÇA, SUR DES PAYS PAS SYMPATHIQUES.
D'EMBLÉE, ON Y EST MAL REÇU.
ON Y SOUPÇONNE L'ETRANGER SANS MÊME RIEN SAVOIR DE LUI, SUSPICION GRATUITE…
… MEFIANCE IMBECILE…
… EXAMEN SOURNOIS…
EH BIEN, IL FAUT SE VENGER !
CAFE

DING
M'SIEURS DAMES !
UNE BIÈRE
HUM
CONNAISSEZ PAS QUELQUE CHOSE À LOUER DANS LE COIN ?
NON
NON
NON
JE DEMANDE ÇA, PARCE QUE JE VAIS TRAVAILLER À LA PORCHERIE QUI VA BIENTÔT S'INSTALLER ICI
PORCHERIE ! ?
PORCHERIE ! ?

UNE PORCHERIE ici ?
VOUS N'ÊTES PAS AU COURANT ?
AH NOM DE DIEU!
ON AURAIT PU VOUS PREVENIR...
ÇA SE PASSERA PAS COMME ÇA !
UNE PORCHERIE ici ?
ÇA VA ÊTRE UNE INFECTION!
T'A QU'A ALLER VOIR À MEUVILLE, ÇA PUE LA MERDE À TROIS KILOMÈTRES!
LE MAIRE, CE BOUGRE DE SALAUD NOUS A PAS MIS AU COURANT.
A LA CHAROGNE!
Y VA VOIR!
VOUS ÊTES VENGÉS

QUINZE JOURS D'ENGUEULADES AU MINIMUM...
LE VILLAGE À FEU ET À SANG, SI, EFFEC=TIVEMENT UNE PORCHERIE S'INSTALLE
Y'A DE QUOI... QUAND ON A RENIFLÉ L'ENTOURAGE D'UNE PORCHERIE, ON COMPREND...
NORMAL QUE ÇA PUE, POUR NOUS ENGRAISSER, ON NOUS FAIT MANGER DE PLUS EN PLUS
ET PLUS ON MANGE ?..
...PLUS ON CHIE, C'EST LOGIQUE
ET PLUS ÇA PUE...

ET C'EST PAS FINI...
UN PORC EST AUSSI POLLUANT QUE QUATRE HUMAINS.
LES FRANÇAIS MANGENT DE PLUS EN PLUS DE PORCS...
VOUS N'AVEZ PAS FINI DE SENTIR LA MERDE DANS LES CAMPAGNES!
VRÂÂ
VAUT MIEUX SENTIR LA MERDE QUE D'ÊTRE ABRUTIS PAR LE BRUIT
HOOO JE SUIS POINT DE VOTRE AVIS...
LE BRUIT, AVEC DU COTON DANS LES OREILLES, ON L'ENTEND PLUS, TANDIS QUE LA MERDE...
AVEC DU COTON DANS LES OREILLES, ON LA SENT TOUJOURS...
VOUS MERITERIEZ QU'ON INSTALLE UNE AERO PORCHERIE !

QUE C'EST BEAU.

BOUCHERIE
VIANDE
ISOTERM
BOUCHERIE
VIANDE
ISOTERM

BOUCHERIE
VIANDE
BOUCHERIE

QUE JE T'Y REPRENNE À ARRACHER LES AILES À MES ABEILLES!

JE SENS QUE C'EST PAS DEMAIN LA VEILLE QU'ON M'OFFRIRA UNE SALLE DE BAIN...
ÇA...

SALUT !
T'AS VU DEVANT TON ENCLOS ?... PERSONNE.
COMME D'HABITUDE...
ET C'EST JOUR D'AFFLUENCE...
IL Y A DU MONDE PARTOUT, SAUF DEVANT CHEZ TOI...

FAUT DIRE QUE TU NE FAIS RIEN POUR LES ATTIRER...
EVIDEMENT, TU N'ES PAS GÂTÉ PAR LA NATURE...
T'AS UNE COULEUR GRISÂTRE QUI NE SE REMARQUE PAS...
L'ÂGE N'ARRANGE RIEN...
TU AS UN NOM QU'ON NE SE RAPPELLE PLUS.
TU N'ES PAS CE QU'ON APPELLERAIT UN OISEAU RARE : DANS LE DIC-TIONNAIRE, LE GROS EN TROIS VOLU-UMES, TU PRENDS DEUX LIGNES.
ET AVEC ÇA L'ALLURE... SI TU TE VOYAIS...

TU VEUX QUE JE TE MONTRE ?
T'ES COMME ÇA !
JE N'EXAGÈRE RIEN !
MAIS FAIS QUELQUE CHOSE AU MOINS !
JE NE SAIS PAS, MOI...
LES SINGES SE MASTURBENT, LES LIONS EN IMPOSENT, LES FLAMANDS ROSES INSPIRENT LES POÈTES...
TOI... RIEN, TU RESTES DANS TON COIN... MORNE ET TRISTE...

IMAGINE UN PEU LE ZOO, SI TOUS LES PENSIONNAIRES ETAIENT COMME TOI...
Y'AURAIT PLUS PERSONNE!
ET POURTANT, TU MANGES AUTANT QU'UN AUTRE... ALORS... HEIN ?..
UN JOUR, LE DIRECTEUR VA S'EN APERCEVOIR... TU SAIS CE QU'IL FERA LE DIRECTEUR ?
IL TE VENDRA À UN CIRQUE!
ALORS LÀ, J'AIME AUTANT TE DIRE QUE TU SERAS OBLIGÉ DE LES REMUER TES PETITES PATTES !...
ILS TE FERONT SOULEVER DES POIDS, ILS TE FERONT SAUTER DANS DES CERCLES DE FEU...
...PLEIN DE CHOSES!...

AH LÀ LÀ...
TIENS
Y'A DES JOURS OÙ JE ME DEMANDE SI TU VAUX LA PEINE QU'ON S'OCCUPE DE TOI...
SI JE TE DIS TOUT ÇA, C'EST POUR TON BIEN...
JE CONNAIS LA VIE, MOI, TU SAIS...
JE SUIS UN MINUS !
ET J'VEUX PAS QUE TU DEVIENNES COMME MOI !

LE BERGER ALLEMAND
C'EST COMME MON CHIEN, IL N'AIME PAS LES UNIFORMES.
ET TOUS LES UNIFORMES ! GENDARMES, FACTEURS, LE GAZ, TOUT !...
QUAND IL EN ARRIVE UN À LA MAISON, FAUT QUE JE L'ATTACHE, SINON...
C'EST QU'IL EST MÉCHANT !
ATTENTION, C'EST UN BERGER ALLEMAND !...
AH OUI ?
REGARDEZ, QUAND JE RELÈVE L'AUTRE OREILLE...
AH OUI ?
DOMMAGE QU'ELLE NE TIENNE PAS EN PLACE, L'AUTRE OREILLE...
OUI OUI, DOMMAGE, ET C'EST DE NAISSANCE, IL N'Y A RIEN À FAIRE.

SI L'AUTRE OREILLE TENAIT DROITE...
MON CHIEN VAUDRAIT 100 000 FRANCS!
ANCIENS, BIEN SÛR
C'EST DÉJÀ PAS MAL.
DONC, JE DISAIS, IL N'AIME PAS LES UNIFORMES. L'AUTRE JOUR, ARRIVE MON NEVEU EN PERMISSION... POURTANT, IL LE CONNAIT DEPUIS LONGTEMPS...
EH BIEN, IL A ABOYÉ APRÈS !...
TIENS!
AH, IL N'AIME PAS LES UNIFORMES !
JE VAIS MÊME VOUS DIRE UNE CHOSE EXTRAORDINAIRE, IL N'AIME PAS LES OBJECTEURS DE CONSCIENCE!

PAS POSSIBLE, COMMENT LE SAIT-IL ?
AAAH JE NE SAIS PAS...
MAIS QUAND IL VOIT UN BARBU HABILLÉ BIZARREMENT IL GROGNE !
PEUT-ÊTRE QU'IL SENT QUE LE TYPE EN QUESTION, DEVRAIT, VU SON ÂGE, PORTER UN UNIFORME, ÇA SUFFIT...
C'EST QU'IL EST INTELLIGENT, HEIN ! OH MAIS...
PLUS QUE BEAUCOUP D'HUMAINS !...
ÇA
C'EST QU'IL Y EN A DES IMBÉCILES DE PAR LE MONDE, MÊME PARMI LES PLUS SAVANTS !
TIENS, LES MEDECINS. PAR EXEMPLE, LE MIEN, JE ME DEMANDE OÙ IL A APPRIS SON METIER...

J'AVAIS MAL À L'ESTOMAC, IL ME DONNE DES CACHETS, J'AI MAL DANS LE DOS !
ARRÊTEZ ! NE FAITES PAS LE GESTE !
?
SI VOUS FAITES ÇA, VOUS RESSEMBLEZ À NAPOLEON, ET IL RISQUE DE VOUS SAUTER DESSUS.
?
JE VOUS AI DIT : IL N'AIME PAS LES UNIFORMES
QUOI ?
VOUS VOUS FOUTEZ DE MOI ?
DITES TOUT DE SUITE QUE MA SANTÉ NE VOUS INTERESSE PAS !

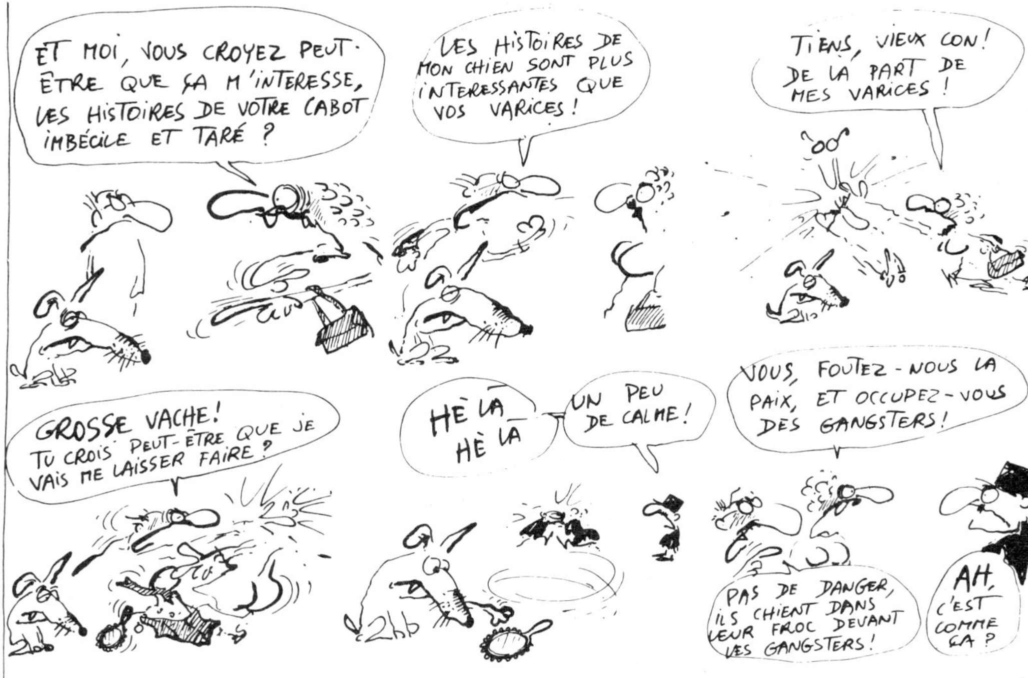
ÉT MOI, VOUS CROYEZ PEUT-ÊTRE QUE ÇA M'INTERESSE, LES HISTOIRES DE VOTRE CABOT IMBÉCILE ET TARÉ ?
LES HISTOIRES DE MON CHIEN SONT PLUS INTERESSANTES QUE VOS VARICES !
TIENS, VIEUX CON ! DE LA PART DE MES VARICES !
GROSSE VACHE ! TU CROIS PEUT-ÊTRE QUE JE VAIS ME LAISSER FAIRE ?
HÈ LÀ HÈ LÀ
UN PEU DE CALME !
VOUS, FOUTEZ-NOUS LA PAIX, ET OCCUPEZ-VOUS DES GANGSTERS !
PAS DE DANGER, ILS CHIENT DANS LEUR FROC DEVANT LES GANGSTERS !
AH, C'EST COMME ÇA ?

ON EST CONNUS DANS LE QUARTIER !
ON PORTERA PLAINTE !
TIENS, AU FAIT, JE CROYAIS QUE VOTRE CHIEN N'AIMAIT PAS LES UNIFORMES ?...
MON CHIEN, IL VOUS DIT MERDE !

JUIN
ATTENTION AU RHUME DES FOINS
JE NE METS PLUS LE NEZ DEHORS

2 CHIENS SUR 3 ABANDONNÉS AU MOMENT DES VACANCES
MIAOU!
ÇA PREND PAS!

EN INDE, AUTREFOIS, ON SE SERVAIT DES ÉLÉPHANTS POUR ÉCRASER LA TÊTE DES CONDAMNÉS À MORT.
C'EST SIMPLE, TU LÈVES LA PATTE, TU ÉCRABOUILLES, ET T'AS UN SUCRE
L'ÉLÉPHANT REFUSAIT, ÉVIDEMENT ÇA
ÇA VA BIEN LÀ DEDANS ?
T'ES UN POTE
ALORS ADMIREZ LE SUBTERFUGE AUQUEL ON AVAIT RECOURS...
REGARDE LA FEMME À POIL...
CLOU
HOUÂÂÂ
HO MON PAUVRE VIEUX!
QUAND ON PENSE QU'IL Y A DES SALAUDS QUI LAISSENT TRAÎNER DES CLOUS...
VIENS À LA MAISON ON VA T'ARRANGER ÇA...

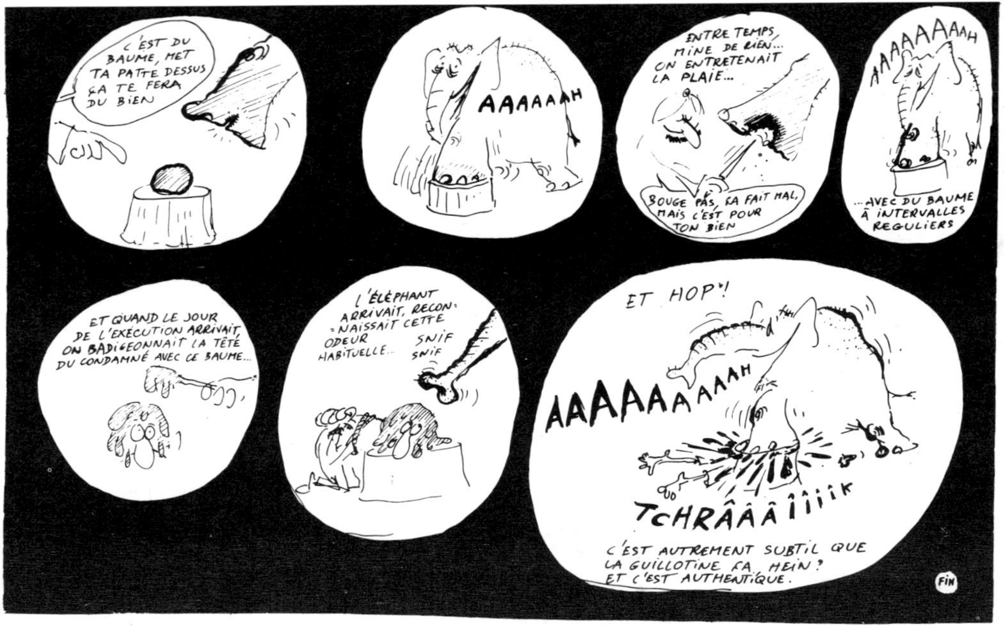
C'EST DU BAUME, MET TA PATTE DESSUS ÇA TE FERA DU BIEN
AAAAAAH
ENTRE TEMPS, MINE DE RIEN... ON ENTRETENAIT LA PLAIE...
BOUGE PAS, ÇA FAIT MAL, MAIS C'EST POUR TON BIEN
AAAAAAAAAH
...AVEC DU BAUME À INTERVALLES REGULIERS
ET QUAND LE JOUR DE L'EXÉCUTION ARRIVAIT, ON BADIGEONNAIT LA TÊTE DU CONDAMNÉ AVEC CE BAUME...
L'ÉLÉPHANT ARRIVAIT, RECON-NAISSAIT CETTE ODEUR HABITUELLE...
SNIF SNIF
ET HOP!
AAAAAAAAAH
TCHRÂÂÂÎÎÎÎIK
C'EST AUTREMENT SUBTIL QUE LA GUILLOTINE ÇA HEIN? ET C'EST AUTHENTIQUE.
FIN

ECOLE
CASERNE
USINE
HEUREUSEMENT, ÇA PASSE VITE !
J'AI PAS EU LE TEMPS DE M'EN RENDRE COMPTE
PFUiiiiT !
EN MOINS DE DEUX, JE ME SUIS RETROUVÉ RETRAITÉ
C'EST BEAU, UNE VIE DE LABEUR.
CROÂ !
J'AI PARTICIPÉ UN PETIT PEU À TOUT ÇA...
CROÂ